Schirner Verlag

Das Buch

Mit diesem Buch entwickelt die Leserin die Fähigkeit, genau den Mann in ihr Leben zu holen, den sie sich wünscht. Schon während der Lektüre setzt sie die universellen Kräfte in Bewegung und gibt dem Universum »grünes Licht«, ihr endlich den Mann ihrer Träume zu liefern. Durch das effektive Coaching-Programm dieses Buches zieht sie den perfekten Mann an, und der Anfang einer glücklichen Beziehung steht kurz bevor!
Auch bereits bestehende Beziehungen werden mithilfe des Programms harmonisiert und dauerhaft stabilisiert, denn die Leserin sieht ihr Leben auf einmal mit anderen Augen. Mit diesem Buch kann jede Frau in eine neue Galaxie des Beziehungslebens aufbrechen.

Die Autorin

Dorothea Dietrich arbeitet in ihrer Wahlheimatstadt Köln als Life Coach. Ihre Berufung sieht sie darin, Menschen dabei zu helfen, ihre Lebenssituation aus einem anderen Blickwinkel zu betrachten, neue Wege zu gehen und ihre Wünsche zu manifestieren. Sie begleitet sie dabei, ein freies und selbstbestimmtes Leben zu führen.

Dorothea Dietrich

Träum dir deinen Mann

Das Resonanzgesetz für Frauen

Schirner Verlag

ISBN 978-3-89767-927-6

Dorothea Dietrich:
Träum dir deinen Mann
Das Resonanzgesetz für Frauen

Umschlag:
Murat Karaçay, Schirner
unter Verwendung der Bilder
Nr. 18811967, Nr. 12122055 und
Nr. 1000718, www.fotolia.de
Redaktion & Satz:
Katja Hiller, Schirner
Printed by:
ren medien, Filderstadt,
Germany

www.schirner.com

4. Auflage Februar 2014

Inhalt

Was kannst du erwarten?

Die bewusste, zielgerichtete Anwendung des Resonanzgesetzes wird dein Leben positiv verändern. Dies geschieht nicht nur mit deiner Beziehung, sondern in allen Bereichen deines Lebens.

Wie sich deine Beziehung gestaltet, liegt allein an dir. Auch wenn du keinen Partner hast, liegt der Grund dafür in dir. Nun wirst du denken: »Aber es gehören doch immer zwei dazu«, und wahrscheinlich fühlst du dich provoziert oder verspürst ein ungutes Gefühl in dir. Doch nachdem du dieses Buch gelesen hast, lies bitte noch einmal diese ersten Sätze. Dann wirst du merken, dass du ihre Bedeutung verstehst.

Bevor ich mich mit dem Gesetz der Anziehung und der Macht der Gedanken beschäftigt habe, war meine Einstellung zu Beziehungen, Männern und Liebe in etwa:

- »Beziehungen sind nur zu Beginn schön.«
- »Es ist nur eine Frage der Zeit, bis Männer fremdgehen.«

- »Alle Männer wünschen sich insgeheim eine junge Frau an ihrer Seite.«
- »Wenn ich alt bin, sucht sich mein Partner eine andere Frau.«
- »Männern kann man nicht vertrauen.«
- »Den Mann, den ich wirklich will, kann ich nicht halten.«
- »Männer verlieren mit der Zeit das Interesse an mir.«
- »An eine lebenslange und glückliche Beziehung glaube ich nicht.«
- »Eine Beziehung bedeutet Einschränkungen und Kompromisse.«

Ich könnte die Liste noch um drei Seiten verlängern. Seit mehreren Jahren habe ich nun einen Mann an meiner Seite, mit dem ich sehr glücklich bin. Dafür habe ich gezielt gearbeitet, und ich arbeite auch weiterhin täglich daran – zunächst gedanklich –, dass mein Beziehungsleben so harmonisch ist, wie es ist.

Jede Frau kann Spaß daran haben, an sich zu arbeiten und sich selbst immer mehr zu entdecken. Wer Veränderungen positiv gegenübersteht, wird auch sein

Leben ändern können. Diese Bereitschaft solltest du mitbringen. Ich verspreche dir, dass du dafür belohnt wirst.

Was beinhaltet das Gesetz der Anziehung? Das Resonanzgesetz besagt: Gleiches zieht Gleiches an. So zieht beispielsweise Liebe Liebe an oder Hass Hass oder Glück Glück. Mit deinen Gedanken erschaffst du deine Realität, wobei es wichtig ist, mit welcher Emotion ein Gedanke aufgeladen ist.

Liebe zieht also Liebe an. Wenn du liebevolle Gedanken und Gefühle hast, wird sich dies in deinem Umfeld widerspiegeln. Dein Leben, so, wie es im Moment ist, und all deine Erlebnisse sind eine Reflexion deiner inneren Einstellung.

Dieses Büchlein wird dir einen Weg zeigen, wie du schnellstmöglich eine dauerhaft harmonische, liebevolle und leidenschaftliche Beziehung führen kannst – unabhängig davon, ob du bereits einen Partner an deiner Seite hast oder noch nicht. Während der Lektüre wirst du das Resonanzgesetz immer besser verstehen.

Du bist bereits dabei, dein Leben zu verändern. Schon während du dieses Buch liest, wird sich dein Beziehungsleben positiv verändern. Nachdem du es einmal komplett durchgelesen hast, kannst du die Kapitel aufschlagen, die dir in deiner Situation am hilfreichsten erscheinen. Durch die Arbeit mit diesem Büchlein und dir selbst gibst du dem Universum »grünes Licht«, dir das zu liefern, was du dir wünschst und was du verdient hast. So kommst du deinem Ziel immer näher – einer glücklichen Beziehung. Vergiss nicht, dass du schon mitten in der Veränderung bist. Du bist dabei, dein Leben in die eigenen Hände zu nehmen. Werde dir bewusst, dass du in diesem Moment eine neue Ära deines Beziehungslebens beginnst. Du wünschst dir jemanden, der dich liebt?! Lies weiter, und du wirst spannende und neue Entdeckungen machen.

Entdeckungsreise –
der Weg zu dir selbst

Selbstanalyse

Die Selbstanalyse hilft dir, herauszufinden, was du über dich, Männer und Beziehungen denkst. Nach diesen Annahmen richtet sich deine Realität. Annahmen, die du bestätigst, kannst du klären. Manchmal reicht ein einfaches Erkennen, manchmal musst du sie aber auch mithilfe einer Methode auflösen. Die im Buch enthaltenen Übungen können dir dabei helfen.

	Ja	**Nein**
Hübsche Frauen haben es einfacher, jemanden kennenzulernen.	♡	♡
Wenn der Mann wüsste, wie ich wirklich bin, würde er mich nicht wollen.	♡	♡
Ich bin nicht beziehungsfähig.	♡	♡
Ich bin nicht hübsch genug.	♡	♡

	Ja	Nein
Männer, die gut aussehen, haben kein Interesse an mir.	♡	♡
Ich habe verlernt, eine Beziehung zu führen.	♡	♡
Männer sind nicht treu.	♡	♡
Es ist schwer, jemanden kennenzulernen.	♡	♡
Mich wollen immer nur die Männer, die keine haben will.	♡	♡
Kein Mann möchte eine allein erziehende Mutter.	♡	♡
Nach ein paar Jahren Beziehung ist die Luft raus.	♡	♡

Liebe dich selbst!

Sicherlich kennst du das Sprichwort »Gegensätze ziehen sich an.« Nun fragst du dich wahrscheinlich, wie das zu dem Gesetz der Anziehung passt, denn es besagt ja genau das Gegenteil.

Zu Beginn einer Beziehung finden die Partner ihre gegensätzlichen Eigenschaften tatsächlich interessant. Der andere hat etwas, was man selbst nicht hat. Das kann durchaus spannend sein, aber ein echtes Verständnis des Partners ist nur schwer möglich. Stell dir vor, dass du bestimmte Wertvorstellungen hast, dein Partner dies aber ganz anders sieht. Wie kann solch eine Beziehung funktionieren? Sie kann auf Dauer gar nicht funktionieren, denn die Partner trennen sich schnell wieder. Die Vorstellungen über das Zusammenleben und gewisse moralische Werte müssen zumindest ähnlich sein, damit eine dauerhafte Beziehung möglich ist.

Das Gesetz der Anziehung ist ein Naturgesetz und ungeachtet dessen, ob Menschen daran glauben oder nicht, wirkt es zu jeder Zeit. Um von anderen Menschen geliebt zu werden, musst du selbst lieben – und zwar zunächst dich selbst. Denke noch einmal an die Gesetzmäßigkeit: Gleiches zieht Gleiches an. Nur wenn du dich selbst liebst, kann dich auch dein Partner lieben. Verweile noch einen Moment bei diesem Gedanken. Selbstliebe hat also nichts mit Egozentrik oder Arroganz zu tun. Den verzweifelten Wunsch nach Liebe wirst du erst dann nicht mehr verspüren, wenn du beginnst, dich selbst zu lieben.

Du wünschst dir eine glückliche Beziehung und möchtest, dass es dir gut geht. Du bist bereit, an dir zu arbeiten – aus Liebe zu dir selbst.

Übung 1: Nimm dir Zeit für dich!

Nimm dir von nun an täglich mindestens eine halbe Stunde Zeit – nur für dich! Betrachte dich. Was findest du an dir schön – innerlich und äußerlich? Achte dabei auch auf die Details, und schreibe alles auf. Verbringe Zeit damit, dich selbst zu lieben. Ist dir beispielsweise schon einmal aufgefallen, was für schöne Augen du hast?! Du bist einzigartig und wunderschön! Bist du nicht dieser Meinung?

Übung 2: Wer richtet über dich?

Deine Beine sind zu kurz? Dein Busen ist zu klein? Deine Nase ist zu groß? Frage dich einmal, warum es dir so schwerfällt, dich bedingungslos so anzunehmen, wie du bist. Wann hast du dich dazu entschlossen, zu glauben, dass du nicht perfekt bist? Wer richtet über dich? Ich gebe dir die Antwort: du selbst!

Ist dir schon einmal bewusst geworden, was dein Körper täglich für dich leistet? Dein Körper trägt dich den ganzen Tag. Ist das nicht Grund genug, ihn zu pflegen und Dankbarkeit für ihn zu empfinden? Bewusste Dankbarkeit. Wie möchtest du dich in deinem Körper fühlen? Beginne damit, dich in deinem Körper wohlzufühlen. Dein Körper hält dich am Leben und leistet eine Menge für dich. Denke einmal darüber nach, wie beweglich du bist. Dehne deinen Körper, und spüre dabei in dich hinein.

Übung 3: Was braucht dein Körper?
Überlege, welche Nahrung du täglich zu dir nimmst. Tut sie deinem Körper gut? Was kannst du tun, damit du dich in deinem Körper wohlfühlst und das deinem Körper guttut? Beginne damit, deinen Körper zu lieben. Creme ihn jeden Tag ein, und erlebe diesen Prozess bewusst. Nimm dir Zeit dafür – genieße es! Oder mache Sport, und spüre, wie dein Körper darauf reagiert.

Übung 4: Fühle dich schön!
Tue regelmäßig etwas Gutes für dich. Gehe zum Friseur, oder kaufe dir neue Kleidung, in der du dich wohlfühlst, z. B. ein tolles Kleid oder schöne Unterwäsche. Gib auch mal Geld nur für dich aus. Glaube nicht, dass du egoistisch handelst. Du hast es verdient, dir etwas zu gönnen.

Übung 5: Obwohl du dich nicht liebst, liebst du dich.
Es fällt dir immer noch schwer, dich so zu akzeptieren, wie du bist? Sprich zu dir hörbar oder auch in Gedanken: »Obwohl es mir nicht leichtfällt, mich zu lieben, liebe und akzeptiere ich mich voll und ganz – genau so, wie ich bin.« Sprich diesen Satz immer wieder aus. Du wirst merken, dass du dich mit der Zeit immer besser fühlst.

Du bist für dich verantwortlich!

Jedes Mal, wenn du dich beklagst, siehst du dich als Opfer. Dann füllst du diese Rolle aus, z. B. durch die folgende Frage: »Warum haben alle meine Freundinnen eine glückliche Beziehung und nur ich nicht?« Ist dir schon einmal aufgefallen, dass sich viele Menschen über das beklagen, was sie nicht haben, z. B. einen tollen Job oder gutes Wetter? Für viele Menschen ist es eher ungewöhnlich, über das zu sprechen, was sie erfreut.

In dem Moment, in dem du die Rolle des Opfers einnimmst, verlierst du deine eigene Kraft. Vielleicht glaubst du, dass du dich besser fühlst, wenn du bemitleidet wirst oder deine Mitmenschen in dein Wehklagen einstimmen. Das mag für den Moment sogar stimmen. Aber auf diese Weise fixierst du dich noch stärker auf das, was du nicht hast, nämlich deinen Mangel, und du bekommst nur noch mehr davon. Was in deinem Inneren nicht vorhanden ist, kannst du auch nicht in dein Leben ziehen. Du wünschst dir, geliebt zu werden, beschwerst dich aber über deine Mitmenschen oder vermeintliche Missstände? Erinnere dich an das Gesetz der Anziehung: Gleiches zieht Gleiches an! Solange du dich auf den Mangel konzentrierst, kannst du deine Wünsche nicht verwirklichen. Durchbrich diesen Kreislauf.

Übung 1: Vergib deinen früheren Partnern!

Hast du manchmal noch schmerzhafte Gedanken an einen ehemaligen Partner, der dir sehr wehgetan oder dir das Herz gebrochen hat? Gehe in dich, und sei ehrlich zu dir. Welche Gefühle lösen die Gedanken an den Expartner in dir aus? Sind es Schmerz, Wut und Hass? Dann hat dein früherer Partner in diesem Moment noch eine große Macht über dich. Durchbrich diese Struktur, sie existiert nur in dir. In dem Moment, in dem du den Schmerz hervorrufst, verletzt du nur dich selbst. Dein Expartner weiß nichts davon.

Triff die Entscheidung, die Vergangenheit loszulassen. Vergib deinem Expartner oder allen deinen früheren Geliebten. Zu vergeben bedeutet, sich dazu zu entschließen, seelische Giftstoffe und zerstörerische, selbstverletzende Gedanken gehen zu lassen. Du allein machst dich krank und bist die Leidtragende. Es ist an dir, du kannst deine Zukunft frei gestalten. Entscheide dich dafür, deinen Schmerz, deine Wut und deinen Hass loszulassen. Jetzt! Als unterstützendes Ritual empfehle ich dir: Schreibe die Namen der Männer auf ein Blatt Papier. Stelle dir dabei jede Person bildlich vor, und sprich: »Ich vergebe dir, und ab heute hast du keine Macht mehr über mich. Ich bin frei.«

Übung 2: Übernimm die Verantwortung!

Der erste Schritt in ein neues und glückliches Beziehungsleben ist der, dass du für alles, was geschieht, die Verantwortung übernimmst. Mit dieser **Bereitschaft** beginnst du, dein Leben nach deinen Vorstellungen zu kreieren. Verantwortung zu übernehmen meint weder, dass du am Geschehen schuldig bist, dass du Lob für das Geschehen verdienst, noch dass du alles bewertest. Es meint, dass du die Geschehnisse in deinem Leben verursachst. Niemand kann dich für etwas verantwortlich machen, und du kannst auch keinem anderen Menschen die Verantwortung für dein Leben übergeben. Du bist für deine Beziehungen selbst verantwortlich.

Übung 3: Du bist nicht nur für dich selbst verantwortlich

Du bist dafür verantwortlich, was in deinem Leben geschieht, und deine Gedanken erschaffen deine Umwelt. Die Menschen, die in deinem Leben präsent sind oder es waren, und deine Erlebnisse sind eine Reflexion deiner inneren Einstellung. Rufe dir in Erinnerung, was »verantwortlich sein« meint.

Aber du bist auch dafür verantwortlich, was andere für dich tun und was du für andere tust. Du bist für das verantwortlich, was im Leben anderer Menschen geschieht, denn wenn du davon erfährst, existiert es auch in deiner Realität. Wenn beispielsweise jemand unfair zu dir ist, bist du dafür verantwortlich.

Vertiefe diesen Gedanken noch weiter. Entdecke, dass du nicht nur dafür verantwortlich bist, was die Menschen in deinem Umfeld für dich und mit dir tun, sondern auch dafür, was sie für andere und mit diesen Menschen tun.

Übung 4: Was es für dich bedeutet, Verantwortung zu übernehmen

Sicherlich haben deine Überlegungen zum Thema Verantwortung zunächst einmal ein merkwürdiges Gefühl in dir ausgelöst. Vergiss dabei nicht, dass dies nichts mit Schuldzuweisungen zu tun hat. Wenn du in der Verantwortung für dein Leben stehst, heißt das, dass du selbst ermächtigt bist, dein Leben so zu leben, wie du es möchtest.

Während du dieses Büchlein liest und das Wirken des Resonanzgesetzes immer besser verstehst, wirst du auch besser in der Lage sein, dein Leben so zu gestalten, wie du es willst. Du erkennst, dass du dich unabhängig fühlen kannst. Je mehr du dich auf das Negative konzentrierst, was sich in deinem Umfeld widerspiegelt, desto weniger Macht, im Sinne von Kraft, hast du.

Lasse nun das Gelesene einen Moment, vielleicht sogar ein paar Tage, wirken, bevor du weiterliest. In dem Wort »Verantwortung« steckt das Wort »Antwort«. Du selbst kannst dir die Antworten und Lösungen auf die Fragen und Probleme geben, die du im Moment hast. Du kannst dein Leben verändern. Denke noch einmal darüber nach, was es für dich bedeutet, Verantwortung zu übernehmen. Erst wenn du das Gefühl hast, dass du dies grundsätzlich annehmen kannst, lies weiter.

Praxisteil – dein idealer Partner

Die Macht der Gedanken

Deine Gedanken kreieren deine Realität. Beobachte deine Gedanken, und werde dir bewusst, worum sie kreisen. Übernimm nun die Verantwortung für dein Leben. Dieser Schritt beginnt mit der Bereitschaft, dein Leben aus einem erhöhten Blickwinkel, einem Beobachter gleich, zu betrachten. Du bist der Erzeuger von allem, was du machst, was du hast, was du auslebst, was du liebst und was du bist.

Schreibe über einen Zeitraum von einer Woche auf, worüber du dich zu den Themen Beziehungen, Männer und Liebe unterhältst oder welche Gedanken du dazu hast.

Worüber habe ich gesprochen?	**Was habe ich damit ausgesagt?**
Beispiel: über Männer	Beispiel: Mit unverheirateten attraktiven Männern über 30 stimmt etwas nicht.

Schaue dir nach der Woche die Liste an. Beklagst du dich über deinen Zustand? Oder richtest du deine Aufmerksamkeit auf das, was du im Moment noch nicht hast – eine glückliche Beziehung?

Erinnere dich daran, dass deine Gedanken deine Realität erschaffen. Wenn du dich bei Freundinnen darüber beklagst, wie schwer es ist, den Traummann zu finden, wird sich deine Situation nicht verändern. Wenn du dich darüber beklagst, wie arm du dran bist, weil dich ja doch keiner will, dann wirst du nicht in der Beziehung leben, die du dir wünschst.

Übung 1: Lasse deine Gedanken ziehen!

Fühlst du, wie du wieder die Rolle des Opfers einnimmst? Du hast vielleicht Gedanken wie: »Warum meldet er sich denn jetzt nicht?«, oder: »Ich habe Angst, dass er mich verlässt. Er kann doch eine viel bessere Frau haben.« Deine Gefühle resultieren aus deinen Gedanken. Denke also anders, damit du dich besser fühlst.

Nimm ein Blatt Papier, und zeichne darauf viele Wolken. Schreibe deine negativen und selbstzerstörerischen Gedanken in die Wolken. Stell dir dann vor, wie diese Wolken am Himmel davonziehen – und mit ihnen deine Gedanken. Zeichne nun eine neue Wolke, und schreibe einen neuen Gedanken hinein – einen Gedanken, der dir guttut. Schreibe einen weiteren Gedanken in eine weitere Wolke usw. Diese Übung hilft dir, dir wieder bewusst zu machen, was du willst und welche Gedanken dir helfen, dich gut zu fühlen.

Übung 2: Was du nicht willst

Du hast deine Gedanken beobachtet, und du arbeitest daran, dich nicht mehr darüber zu beklagen, was du nicht hast. Es ist an der Zeit, dir der Dinge bewusst zu werden, die du in deinen Beziehungen erlebt hast und nicht mehr erleben möchtest. Zeichne viele Luftballons auf ein Blatt Papier, und beschrifte sie mit den **negativen Erfahrungen aus früheren Beziehungen, auf die du künftig verzichten möchtest**. So, wie die Frau in der Abbildung, trägst auch du diese Erfahrungen immer mit dir herum. Lasse deine Luftballons einfach los, und sieh, wie der Wind sie davonträgt. Fühle dabei, wie dich dieses kleine Ritual stärkt.

Übung 3: Bastele dir deinen Traummann!

Du bist dir darüber klar geworden, was du in deinen Beziehungen nicht wieder erleben willst und worum deine Gedanken zu den Themen Beziehungen, Männern und Liebe kreisen. Nun geht es darum, dass du erkennst, was du willst. Konzentriere dich auf deine Wünsche.

Zeichne oder bastele dir deinen Traummann. Schneide aus Katalogen einzelne Körperteile aus, und erschaffe dir so deinen Mann. Vertraue auf deine kreative Kraft, und habe Spaß dabei! Vielleicht kannst du dieses Ritual auch gemeinsam mit einer guten Freundin machen. Sprich dabei über deinen Mann, und erzähle, wie fantastisch er ist. Fühle, wie es ist, wenn er bei dir ist. Schließe die Augen, und stell dir vor, wie dein Traummann aussieht, wie er spricht und wie er sich bewegt. Sicherlich fühlst du dich ihm nun schon ganz nah.

Übung 4: Welche Eigenschaften wünschst du dir von deinem Partner?

Zeichne auf einem anderen Blatt Papier viele Herzen. Schreibe in sie die Eigenschaften hinein, die du dir von deinem Partner wünschst. Lies dir anschließend alles noch einmal durch. Schreibe dann neben die Herzen, welche Gedanken dir spontan zu den Eigenschaften einfallen. Diese sind eventuell negativ, aber du glaubst, dass sie wahr sind. Ich gebe dir ein Beispiel:

100 %ige Treue gibt es nicht.

Es ist sehr wichtig, dass du absolut ehrlich bist. Niemand anderes wird dies je lesen, es sei denn, du willst es. Der Glaube an deine Annahmen, die du auf die Linien geschrieben hast, hält dich davon ab, eine dauerhaft harmonische, liebevolle und leidenschaftliche Beziehung zu führen. Betrachte nun auch die Details deiner Wünsche. Je detaillierter du beschreibst, was du willst, desto besser ist es. Dann kannst du auch genau das erhalten, was du dir wünschst. Nur zu!

Welche Charaktereigenschaften hat dein Traummann? Ist er liebevoll und treu?

Wie sieht er aus? Wie groß ist er? Welche Haarfarbe hat er? Welche Augenfarbe? Wie sieht seine Nase aus? Wie ist sein Lächeln? Wie bewegt er sich?

Was macht er beruflich? Hat er Kinder? Mag er Tiere? Wohin reist er gerne?

Vergiss nicht – du schreibst dies nur für dich auf.
Mein Traummann:

Übung 5: Du bist Single, aber zurzeit in einen Mann verliebt?

Wenn du Single bist, stell dir nicht den Mann vor, in den du momentan verliebt bist und den du anziehen möchtest, sondern deinen imaginären Traummann. Auch der Mann, dessen Herz du erobern möchtest, kann so noch auf dich aufmerksam werden.

Fällt dir das schwer? Stell dir vor, dass du dir 100.000 Euro wünschst. Mit diesem Wunsch verschließt du dem Betrag von einer Million Euro die Tür. Was spricht also dagegen, sich 100.000 Euro oder mehr zu wünschen, um das zu erhalten, was das Universum für dich bereithält? Achte auf die richtige Formulierung deiner Wünsche.

Wenn du dir deinen Traummann vorstellst, verschließt du dem Mann, in den du verliebt bist, nicht die Tür zu deinem Herzen. Erweitere deinen Horizont, und visualisiere das Nonplusultra. Das Universum hat mehr als genug von allem. Mache dich frei! Dein Traummann vereint all das in sich, was du dir wünschst. Stell dir vor, du wachst eines Morgens auf, siehst deinen Traummann neben dir liegen und kannst dein Glück kaum fassen! Wie fühlst du dich? Glücklich und zufrieden? Bist du nun bereit für den nächsten Schritt? Er hilft dir dabei, deine glückliche Beziehung noch schneller zu erleben. Es ist sehr wichtig, dass du jeden einzelnen Schritt bewusst gehst. Sei gespannt, und freue dich auf deine Zukunft.

Übung 6: Wie sieht deine ideale Beziehung aus?

Du hast bereits aufgeschrieben, was deine perfekte Beziehung beinhalten soll. Beginne nun damit, herauszufinden, weshalb du diese wundervolle Beziehung führen möchtest. Entspanne dich, und vergiss nicht, dass dein Leben so, wie es gerade ist, perfekt ist. Sei dir sicher, dass du dir aus Liebe einen Mann wünschst.

An ein paar Beispielen möchte ich dir erklären, was damit gemeint ist: Wenn du Gewicht verlieren willst, weil du denkst, dass du zu dick bist, oder du dir einen bestimmten Geldbetrag wünschst, der dir aus einer finanziellen Notlage hilft, dann fixierst du dich auf deine Vergangenheit und auf das, was du nicht willst. So sorgst du weiterhin dafür, dass das, was du nicht willst, in deinem Leben präsent ist. Dein neuer Mann ist nicht dafür da, dich beispielsweise aus der Einsamkeit zu befreien. Dieses Gefühl wirst du auch in deinen Beziehungen weiterhin erleben und dagegen ankämpfen müssen. Frauen, die immer wieder an Männer geraten, von denen sie geschlagen werden, fokussieren sich genau auf das, was sie nicht wollen: auf jemanden, der ihnen körperliche Gewalt antut. So geraten sie aus einer gewalttätigen Beziehung in die nächste.

Nachdem du dir darüber im Klaren bist, aus welchen Beweggründen du dir einen Mann wünschst, um beispielsweise einfach mehr Spaß im Leben zu haben, tolle Gespräche zu führen und wundervollen Sex zu erleben, kannst du beginnen, dir konkret darüber bewusst zu werden, wie sich dein Leben mit deinem Mann gestaltet.

Viel Spaß dabei!

Aus welchem Grund willst du eine schöne Beziehung führen?

Stell dir vor, dass du seit etwa sechs Monaten deine fantastische Beziehung führst. Wie hast du dich in dieser Zeit positiv verändert?

Wie fühlst du dich, seitdem du in deiner Wunschbeziehung lebst?

Welche wunderbaren Auswirkungen hat deine fantastische Beziehung auf deine Mitmenschen?

Bis wann willst du deine harmonische, liebevolle und leidenschaftliche Beziehung ausleben?

Übung 7: Lasse andere Menschen an deiner Veränderung teilhaben!

Erzähle den Menschen in deinem Umfeld von deinem Wunsch, eine Beziehung zu führen. Teile dich ihnen mit, aber beklage dich nicht, wenn du deinem Traummann noch nicht begegnet bist. Auf diese Weise kannst du dich auch besser so fühlen, als würdest du bereits in der wundervollen Beziehung leben. Beobachte die Reaktionen der anderen Menschen. Wirst du belächelt? Nimmt man dich nicht ernst? Beobachte auch dich selbst. Wie fühlst du dich? Ist dir alles peinlich? Fühlst du dich lächerlich oder albern? Wenn du dich besonders unwohl fühlst, ist das ein Zeichen dafür, dass du selbst noch nicht an deine Zukunft glaubst?! Lies noch einmal den Abschnitt über die Verantwortung. Betrachte deine aktuelle Situation dann noch einmal.

Blockaden erkennen und auflösen

Eine andere Bezeichnung für limitierende Glaubenssätze sind Muster, Blockaden oder Annahmen. Du denkst in einem bestimmten Muster und verknüpfst mit einer Situation einen bestimmten Gedanken oder ein bestimmtes Gefühl, denn deine Gedanken verursachen deine Gefühle. Daraus ziehst du dann eine Schlussfolgerung. Wenn du beispielweise glaubst, dass attraktive Männer oberflächlich und nicht an dir interessiert sind, wirst du genau diese Erfahrungen machen. Du wurdest in ein bestimmtes Umfeld hineingeboren und hast Dinge erlebt und Erfahrungen in ganz unterschiedlichen Bereichen gesammelt. Deine Erlebnisse haben dich geprägt und deine Ansichten geformt.

Du glaubst vielleicht, dass Streitereien zu einer guten Beziehung gehören, weil du als Kind erlebt hast, dass deine Eltern zwar eine erfüllte Beziehung gelebt, sich aber regelmäßig lautstark gestritten haben. Aber dein Nachbar sieht das ganz anders. Er hat einen anderen Glaubenssatz zum Wesen einer tollen Partnerschaft entwickelt: »In einer guten Beziehung streitet man sich nicht.«

Als Kind hinterfragt man die Dinge nicht und nimmt sie einfach als gegeben hin. So entwickeln sich bestimmte Muster, limitierende Glaubenssätze, die jeden Menschen dabei blockieren können, seine Ziele zu erreichen. Manche Glaubenssätze sind sehr leicht zu erkennen und aufzulösen, einige andere sind tief im Unterbewusstsein verankert und nicht so leicht zu entdecken. Während der Lektüre dieses Buches wirst du lernen, zu erkennen, welche Glaubenssätze dich davon abhalten, eine dauerhaft harmonische, liebevolle und leidenschaftliche Beziehung zu führen. Der Schlüssel zu deiner Traumbeziehung liegt in der Auflösung deiner Blockaden. Du weißt, wie deine Traumbeziehung bzw. dein Traummann aussieht. Nun musst du deine limitierenden Glaubenssätze auflösen. Dann bist du vollständig im Hier und Jetzt und ziehst den Mann deiner Träume in dein Leben. Dann schaffst du es auch immer besser, dich so zu fühlen, als wäre dein Traummann bereits an deiner Seite. In einem Moment völliger Klarheit denkst du nicht an die Vergangenheit, und Zukunftsängste sind nicht gegenwärtig. In diesem Zustand kannst du deine Zukunft erschaffen, denn du wirst empfänglich für das, was als Nächstes kommt – dein Traummann.

Eine kleine Geschichte soll dir zeigen, was eine Änderung deiner Einstellung bewirken kann: Ich war mit ein paar Freunden in einer Diskothek. Darunter waren auch Oliver und Sarah, ein Paar, dessen Hochzeit fest geplant war. Oliver ging mit einem Kumpel an die Bar, um Getränke zu holen. Wir alle wollten das Gleiche trinken, Sarah hatte Lust auf etwas anderes. Oliver und sein Freund kamen schwer beladen an den Tisch zurück, und Oliver machte sich sogleich noch einmal auf den Weg, um seiner Freundin das gewünschte Getränk zu holen. Sarah machte ihm daraufhin eine Szene. Sie wollte wissen, warum er nicht zuerst ihr Getränk gebracht hatte. Den Rest des Abends verbrachte Oliver damit, seine Freundin wieder milde zu stimmen, was aber nicht recht funktionierte. Erst zum Ende des Abends kamen sich beide wieder näher und vertrugen sich.

Sarah hat einen Glaubenssatz in ihrem Kopf verankert, der besagt, dass sie für Oliver unwichtig ist, wenn er sich nicht zuerst ihr zuwendet. Ihr negatives Gefühl hat Sarah in diesem Moment nicht hinterfragt, sondern sich ihren Gefühlen hingegeben. Hätte Sarah diesen Glaubenssatz hinterfragt, wäre der Abend vielleicht so verlaufen:

Sarah sieht, dass Oliver ohne ihr Getränk an den Tisch kommt. Sie spürt, wie sich ein mieses Gefühl in ihr ausbreitet, aber sie kennt solche Situationen und bleibt gelassen. »Vorsicht, Sarah!«, denkt sie, »Wie fühlst du dich gerade?« Sie antwortet sich selbst: »Wenn ich ihm doch so wichtig bin, warum holt er nicht zuerst mein Getränk? Ich bin ihm nicht wirklich wichtig!« »Stopp!«, sagt eine andere Stimme in ihrem Kopf: »Welche Beweise finde ich dafür, dass ich ihm nichts wert bin?« Sie findet keine Antwort. »Welche Beweise finde ich dafür, dass ich ihm viel bedeute?« Sie muss sofort an den Morgen denken, als er ihr das Frühstück ans Bett gebracht und ihr versprochen hatte, mit ihr und den anderen auszugehen, obwohl er lieber zu Hause geblieben wäre. In diesem Moment merkt Sarah, wie ihr ungutes Gefühl verfliegt. Sie ist froh und dankbar, dass sie gelernt hat, ehrlich zu sich zu sein. Als sie wieder klar ist, steht ihr Getränk auf dem Tisch, und Oliver flüstert ihr ins Ohr, wie sehr er sie liebt.

Übung 1: Erkenne deine limitierenden Glaubenssätze, und formuliere sie um!

Du kommst der Verwirklichung einer glücklichen Beziehung immer näher. Dir ist bereits bewusst geworden, was du dir in deiner Beziehung wünschst – das ist ein sehr wichtiger Schritt. Nur wenn du weißt, was du willst, kannst du es klar formulieren und später auch empfangen. Außerdem werden dir deine limitierenden Glaubenssätze immer stärker bewusst, und du kannst das Bild von dir in deinem Geist verändern.

Betrachte nun deine bislang nicht hinterfragten Gedanken über Männer und Beziehungen aus einer neuen Perspektive. Das, was den limitierenden Glaubenssätzen die Macht verleiht, dich zu schwächen, sind der Gedanke und der Glaube an ihre Wahrheit. Hast du bislang vielleicht geglaubt, dass ein Mann dich einschränkt? Die Männer, mit denen du Beziehungen geführt hast, haben dich eingeschränkt, weil du sie so wahrgenommen hast.

Deine Unzufriedenheit darüber, was du derzeit erlebst, lässt deine Glaubenssätze weiterhin machtvoll sein. Wenn du dich zum Beispiel weiterhin darüber beschwerst, dass dein Freund immer zu spät erscheint, ist es genau das, was du auch weiterhin erleben wirst. Indem du deine Glaubenssätze veränderst, ändert sich deine Realität, denn dein Beziehungsleben spiegelt deine Glaubenssätze wieder, nicht dein wirkliches Potenzial.

In all dem, was du nicht willst, liegt deine Chance, zu erkennen, dass du zunächst nichts weiter tun musst, als deine Glaubenssätze anders zu formulieren. Formuliere das, was du dir wünschst. Wenn du diesen Schritt gehst, solltest du dich selbst immer wieder prüfen. Beschwerst du dich beispielsweise immer noch darüber, dass dein Freund oft zu spät zu Verabredungen kommt? Aber bist du immer pünktlich? Beginne, so zu leben, wie du es dir von anderen wünschst.

Übung 2: Vermeide Wörter wie »kein«, »nicht« und »nie«!

»Mein Freund ist nicht untreu und nicht unpünktlich.« Das Unterbewusstsein nimmt Wörter wie »nicht« oder »kein« nicht wahr. Achte darauf, dass du diese Wörter nicht verwendest – ich sollte besser sagen, dass du auf diese Wörter verzichtest.

Mit deinem Bewusstsein bzw. deinem Verstand sammelst du deine Emotionen, und mit ihm kannst du deine Gedanken auswählen. Die Gedanken, die du erwählst, verursachen deine Gefühle. Diese Handlungen verursachen die Resultate, die du verändern möchtest. Handelst du anders, dann erlebst du deine Umwelt auf eine andere Weise und nimmst auf einmal Dinge wahr, die bisher scheinbar nie da gewesen sind.

Übung 3: Sei täglich zehn Minuten dankbar – dies wirkt Wunder!

Das Resonanzgesetz besagt: Gleiches zieht Gleiches an. Demnach ist nichts wichtiger als deine Gefühle. Nur wenn du dich gut fühlst, ziehst du Situationen in dein Leben, die dir Freude bringen. Indem du dir darüber klar wirst, wie eine perfekte Beziehung für dich sein soll, fühlst du dich gut und ziehst die entsprechenden Situationen an. Alles, was in deinem Leben geschieht, hat einen Sinn. Dein Leben ähnelt einem großen Puzzle. Das, was in deinem Leben im Moment geschieht, ist ein Teilchen dieses großen Puzzles. Du fügst dein Puzzle zusammen, indem du das auswählst, was zu dir passt.

Lasse das Gefühl von Dankbarkeit zu – besonders für die Dinge, die du momentan lieber nicht in deinem (Liebes-)Leben haben möchtest. Das Gefühl von Dankbarkeit hat eine große Anziehungskraft. Es gibt so viele schöne Dinge in deinem Leben, du musst sie nur sehen. Und: Es gibt immer zwei Seiten der Medaille. Du kannst wählen, ob du die positive Seite oder die negative betrachtest.

Manchmal geschehen auch Dinge, die zuerst schmerzhaft sind, dich aber letztlich an dein Ziel führen. Diese Herausforderungen zeigen dir, dass du stark bist und an ihnen wachsen kannst. Alles, was in deinem Leben geschehen ist, hat dich zu der Person werden lassen, die du bist. Du hast nun das wunderbare Gesetz der Anziehung entdeckt. Wenn dein Leben anders verlaufen wäre, hättest du diese Entdeckung vielleicht nicht machen können. Merkst du, dass dieser Gedanke wahr sein kann, aber nicht wahr sein muss? Genauso wahr sind Gedanken wie: »Das hätte ich mir aber auch sparen können.« Woher weißt du das?

Schreibe von nun an täglich auf, wofür du in deinem Leben dankbar bist. Nimm dir dafür mindestens zehn Minuten Zeit. Beginne die Sätze immer mit: »Ich bin froh und dankbar …« Bedenke auch die Dinge, die du lieber nicht in deinem Leben hättest. Das ist sehr wichtig, denn so lernst du auch, das vermeintlich Negative aus einer anderen Perspektive zu betrachten.

Du bist mitten im Prozess, dein Leben nach deinen Vorstellungen zu erschaffen – ist das nicht fantastisch?! Wenn du morgens aufwachst, kannst du bereits damit beginnen, dankbar zu sein, z. B. für die warme Bettdecke, für den Regen, der die Pflanzen wässert, oder dafür, dass du lebst. Fühle die Liebe, und nimm dir vor, den Tag zu lieben und dies auch andere Menschen spüren zu lassen. Du kannst regelrecht trainieren, Dankbarkeit zu empfinden und das Gute in allen Situationen zu sehen. So kreierst du deine Zukunft. Du wirst zum richtigen Zeitpunkt die Menschen treffen, die dir direkt oder indirekt helfen werden, deinen Traummann kennenzulernen. Vergiss also die Fragen nach dem Zeitpunkt eures Aufeinandertreffens. Das ist nicht deine Aufgabe. Die Antwort auf diese Frage wirst du erhalten, wenn der Mann an deine Seite tritt.

Bis ich erkannt habe, dass mein Mann bereits da war, verging einige Zeit. Ich hatte ihn als Partner gar nicht wahrgenommen, weil wir zunächst auf geschäftlicher Ebene miteinander zu tun hatten.

Übung 4: Dein Gefühl ist entscheidend

Mit deinen Gedanken erschaffst du deine Zukunft, aber das stimmt nur bedingt. Dein Gefühl ist das Entscheidende. Dein Gedanke verursacht ein Gefühl, das du empfindest, und dieses Gefühl wiederum erschafft deine Realität. Wenn du dir zwar sagst, dass du eine schöne Beziehung führst, dies aber nicht spürst, wird deine wundervolle Partnerschaft nicht real werden. Du wirst vielleicht eine Beziehung führen, aber sie wird nicht so sein, wie du sie dir wünschst.

Wenn es nur die Gedanken wären, die deine Realität erschaffen, ließe sich beispielsweise Folgendes fragen: »Warum tritt dann in Kriegsgebieten kein Frieden ein, obwohl so viele Menschen dafür beten?« Die Antwort ist: »Die Menschen fühlen die Besserung der Situation, den Frieden, nicht.«

Unsere Gedanken schwingen auf einer bestimmten Frequenz. Besonders stark ist dies, wenn sie mit unseren Gefühlen zusammenhängen. Du ziehst zu jeder Zeit andere Menschen in dein Leben, die in Einklang und Harmonie zu deinen Gedanken schwingen. Wenn du dich also so fühlst, als hättest du bereits deine dauerhafte, harmonische, liebevolle und leidenschaftliche Beziehung, wird genau das eintreffen. Du hast deinen Traummann visualisiert, ihn beschrieben und unterhältst dich bereits mit ihm. Das ist gut so. Diese Rituale helfen dir dabei, dich in das Gefühl zu versetzen, dass dein Mann bereits bei dir ist. Wenn du daran glaubst und deine Beziehung fühlst, verfliegen auch die letzten Zweifel an deiner Zukunft.

Übung 5: Dein Mann ist bereits bei dir

Das Universum hält deinen Mann schon längst für dich bereit. Er ist nur noch nicht an deiner Seite, weil du dich durch deine Glaubenssätze blockierst. Wenn du nicht an ihnen festhalten würdest, könntest du bereits in deiner glücklichen Beziehung leben. Die Wunschlisten und das Visualisieren sind Rituale, die dir helfen, die passende Emotion hervorzurufen, damit deine Beziehung Realität wird.

Auch Arbeit ist ein Ritual, dessen Ziel unter anderem darin besteht, Geld zu erhalten. Heißt das aber nicht auch, dass ich mich im Grunde nur auf mein Sofa setzen und glauben und fühlen muss, dass ich Geld erhalte? Theoretisch ja, praktisch nein. Ich habe meine Leidenschaft, Frauen dabei zu helfen, eine harmonische Beziehung zu führen, zu meinem Beruf gemacht und würde dies nicht als Arbeit bezeichnen. Ich tue das, was ich liebe, und erhalte im Austausch dafür Geld, aber ich tue etwas. Das Universum liebt die Schnelligkeit und die Reaktion. Wenn du also das Gefühl hast, dass du etwas tun solltest, tue es, auch wenn es dir unsinnig erscheint. Vielleicht sagt etwas in dir, dass du noch einmal in den Supermarkt gehen solltest, obwohl du eigentlich alles eingekauft hast. Folge deiner inneren Stimme, vielleicht triffst du im Supermarkt deinen Traummann. Je mehr du dich nach innen wendest, desto empfänglicher wirst du für solche Eingebungen. Alles, was du dann tun musst, ist, zu handeln und aktiv zu werden.

Die Kraft steckt in dir

Du selbst hast es in der Hand, aus welchem Blickwinkel du die Situationen in deinem Leben betrachtest. Schaue in dein Inneres, und führe ein Zwiegespräch mit dir. Sprich immer wieder – hörbar oder in Gedanken – mit dir, und erkenne dich selbst, jeden Tag ein bisschen mehr.

Wenn wir davon ausgehen, dass wir unsere Realität erschaffen – welchen Sinn macht es dann, sich über Dinge, die in unserem Umfeld geschehen, zu beschweren? Das wäre so, als würdest du den Wasserhahn aufdrehen und krampfhaft versuchen, die Badewanne trocken zu wischen. Das wird nicht funktionieren, denn es kommt immer mehr Wasser nach – so lange, bis du den Hahn zudrehst.

Seit unserer frühen Kindheit werden wir darauf konditioniert, von außen nach innen zu leben. Die bessere Art zu leben aber ist, von innen nach außen zu leben. Dann bist du selbst Herr darüber, was du denkst. Je besser dir dies gelingt, desto mehr Kontrolle erlangst du über deine Gefühle, und deine Realität kann sich verändern.

Übung 1: Lasse deine Glaubenssätze fallen!

Nimm einen Gegenstand, z. B. einen Radiergummi, in deine Hand, mache eine Faust, und strecke diesen Arm nach vorn aus. Stell dir vor, dass der Radiergummi einen Glaubenssatz, der dich blockiert, symbolisiert, z. B. »Ich bin nicht gut genug.« Triff die Entscheidung, diesen Glaubenssatz im wahrsten Sinne des Wortes fallen zu lassen. So einfach, wie du deine Faust öffnen kannst, weil du es willst, und den Radiergummi fallen lässt, so kannst du auch deinen Glaubenssatz loslassen. Noch einmal zur Erinnerung: Du bist verantwortlich für dein Glück in deiner Beziehung, und du bist bereits mitten im Prozess, deine harmonische Beziehung zu erschaffen.

Übung 2: Affirmationen

Affirmationen sind kurze, positive Sätze, die das ausdrücken, was du dir wünschst, z. B. »Ich führe eine harmonische Beziehung« oder »Ich bin so, wie ich bin, perfekt.« Überlege dir, welches Ziel du hast, und formuliere deine Affirmation. Du hast bereits gelernt, deine Gedanken zu beobachten und dir bewusst zu werden, was du denkst. Erschaffe nun deine eigene Affirmation, und denke oder sprich sie aus, wann immer sich die Möglichkeit dazu ergibt. Wähle eine Affirmation, die sich gut anfühlt, z. B. »Ich führe eine vollkommene, harmonische, liebevolle und leidenschaftliche Beziehung.« Zu Beginn wird es dir vielleicht schwerfallen oder anstrengend vorkommen, aber mach einfach weiter. Schon bald wirst du die Affirmation automatisch denken, sie wird dann stets im Hintergrund deiner Gedanken präsent sein.

Im Folgenden findest du ein paar Vorschläge für Affirmationen. Du kannst sie beispielsweise auf einen Notizzettel schreiben und an den Badezimmerspiegel, den PC oder die Innenseite der Haustür kleben.

»Mein Mann erscheint zur rechten Zeit am rechten Ort.«

»Es ist einfach, eine fantastische Beziehung zu führen – ich führe sie.«

»Ich habe es verdient, eine vollkommene, harmonische, liebevolle, feste, auf Treue und Ehrlichkeit basierende Beziehung zu führen.«

»Ich vertraue in meine bestehende Beziehung.«

»Ich bin es wert, geliebt zu werden.«

»Ich liebe mich.«

TIPP: Es macht Spaß, die Affirmationen in einem Singsang oder einer Art Rap zu sprechen. Du bekommst vielleicht, wie bei einem Lied, einen Ohrwurm davon, und so automatisiert sich dein Denken leichter.

Übung 3: Stimmt das überhaupt?

Woher kommen die Gefühle, die dir Kraft rauben und dich krank machen? Auch bei diesen Gefühlen ist zuerst ein Gedanke da, der das Gefühl nach sich zieht. Du allein hast die Fähigkeit, deine kraftraubenden Gefühle abzulegen. Benenne die Gedanken, die z. B. Angst, Wut, Trauer, Hass, Unsicherheit etc. in dir auslösen, und schreibe auf, weshalb du dich so fühlst.

Überprüfe nun jeden dieser Gedanken auf seinen Wahrheitsgehalt: Stimmt das überhaupt? Finde konkrete Beweise dafür, dass dein Gedanke der Wahrheit entspricht. Finde dann konkrete Beweise dafür, dass er falsch ist. Diese Übung hilft dir, auf den »Boden der Tatsachen« zu kommen. Denke an die Geschichte von Sarah und Oliver. Sarah hätte diese Methode angewenden und sich dadurch in eine positive Stimmung versetzen können.

Übung 4: Hole dir deine Kraft zurück!

Du hast gelernt, dass allein du für das verantwortlich bist, was in deinem Leben geschieht. Manchmal passiert es, dass dich Gedanken an deinen Partner belasten und du dich unglücklich machst. Du hast vielleicht den Eindruck, dass du mehr in eure Beziehung investierst als er, dass er dich nicht richtig liebt oder dass du nicht gut genug bist und es nicht verdient hast, so einen tollen Mann an deiner Seite zu haben. In diesen Momenten gibst du deine Kraft und Energie ab.

Lege dich auf dein Bett, und nimm dir ausreichend Zeit und Ruhe. Schließe deine Augen, und sieh deinen Partner vor deinem geistigen Auge. Stell dir vor, wie du mit ihm durch eine Kordel, Schnur, Kette etc. verbunden bist. Durchtrenne in Gedanken diese Verbindung, z. B. mit einer Schere, einem Bolzenschneider oder einem Messer – einem passenden Werkzeug eben. Entferne auch alle Überreste der Verbindung zwischen euch. Küsse dann deinen Partner auf die Stirn, lächle, und sage ihm Auf Wiedersehen. Das kannst du laut aussprechen, wenn es dir hilft oder du dieses Ritual dann wirksamer empfindest. Das ist alles, was du tun musst, und dieses Ritual bedeutet nicht, dass du dich in der Realität von deinem Partner trennst. Im Gegenteil, du willst ihn ja wiedersehen. Auf diese Weise erhältst du deine Energie zurück, und er wird wieder deine Nähe suchen.

Übung 5: Atme Liebe, Vertrauen, Mut und Stärke ein!

Fühlst du dich manchmal mut- und kraftlos und merkst du dann, wie du wieder in alte Muster verfällst? Zuerst solltest du dir gratulieren. Es ist toll, dass du dir deiner Gefühle und ihrer Ursachen bewusst bist, und es zeigt, dass du bei dir bist und die Ereignisse reflektierst.

Lege dich auf dein Bett, und sorge dafür, dass der Raum ruhig und leicht abgedunkelt ist. Achte auf deine Atmung. Stell dir vor, dass du warmen, lichtdurchfluteten, positiven und sonnengelben Luft einatmest. Du atmest Liebe und Vertrauen ein. Du atmest all das ein, was dir gerade fehlt. Atme dann Angst und Unsicherheit aus, und fülle dich so mit Liebe, Vertrauen, Zuversicht, Mut und Stärke!

Du lebst heute – nicht gestern oder morgen! Kannst du sicher sein, zu wissen, was morgen passieren wird? Entscheide dich dafür, positiv zu denken. Erkenne, dass deine Ängste »nur« sorgenvolle Gedanken sind. Sie sind nicht real, sondern nur ein Produkt deiner Fantasie. Und ob sie jemals real werden, weißt du nicht. Also vertraue auf die Macht der Gedanken. Je früher du dich dafür entscheidest, positiv zu denken, desto schneller wird sich dein Leben auch positiv verändern.

Übung 6: Lasse deine Tränen zu!

Wenn dir einmal zum Weinen zumute ist, dann lasse die Tränen zu, und unterdrücke sie nicht. Akzeptiere dich so, wie du bist. Manchmal ist es notwendig, zu weinen, denn es wirkt sehr befreiend. Danach findest du sehr schnell wieder zu dir. Stell dir vor, dass du durch die Tränen deine ganze Trauer, deine Wut und deinen Hass aus dir hinausschwemmst. Nun fühlst du dich sicherlich schon viel besser. Je mehr du an dir arbeitest und je besser du das Gesetz der Anziehung verstehst, je mehr du dich nach innen wendest und erkennst, was täglich mit dir geschieht, desto schneller wirst du auch deine alten Glaubenssätze loslassen und umformulieren können. Dann werden die Phasen, in denen du »aus der Spur« gerätst und dich selbst verletzt, immer kürzer. Erinnere dich daran, dass alle Kraft und Stärke in dir liegen. Allein dieses Wissen gibt dir eine ungeheure Stärke. Nimm dir die Zeit, die du brauchst, bis du diese Erkenntnis wirklich verinnerlicht hast.

Übung 7: Werde eine »Na-klar-Frau«!

Ich lade dich dazu ein, eine »Na-klar-Frau« zu werden. Na klar führst du die glücklichste Beziehung der Welt. Na klar bist du es wert, geliebt zu werden, genau so, wie du bist. Na klar! Dein Gefühlsleben bestimmt deine Realität. Die Worte »na klar« lassen keinen Zweifel zu. Sie vermitteln dir ein Gefühl von Sicherheit. Jeder Vorwurf an dich selbst ist ein Beweis dafür, dass du dich in dem Moment nicht liebst. Behandle dich aber genau so, wie du von anderen Menschen behandelt werden möchtest. Habe Geduld mit dir! Erwarte nicht, dass sich deine Einstellungen und Verhaltensweisen von einem Tag auf den anderen komplett ändern lassen. So, wie du bist, bist du perfekt. Es ist normal, dass du zunächst immer wieder in alte Muster verfällst. Halte durch, denn du bist auf dem Weg, ein selbstbestimmtes Leben zu führen!

Druck erzeugt Gegendruck

Druck erzeugt Gegendruck, das haben wir schon im Physikunterricht gelernt. Manchmal ärgerst du dich darüber, dass dein Freund sich bei dir schon wieder nicht meldet, obwohl er es dir versprochen hat. Dann merkst du, dass dich deine negativen Gefühle einengen und deine Energie blockieren. Am liebsten möchtest du ihm dann sofort eine SMS schreiben oder ihn anrufen und ihm sagen, dass du dich nicht länger so behandeln lässt. In diesem Moment übst du Druck auf deinen Partner aus und erreichst genau das Gegenteil von dem, was du willst.

Vielleicht hast du oft das Gefühl, dass du in deiner Beziehung mehr Einsatz zeigst, als es dein Partner tut. Zähle einmal die Situationen auf, in denen du genau dieses Gefühl hast. Sätze, die wir häufig in solchen Situationen sagen, sind beispielsweise: »Ich fahre immer zu ihm, und er kommt nie zu mir« oder »Ich mache ihm regelmäßig Geschenke, und er hat mir noch nie etwas geschenkt.« Erinnere dich an das Resonanzgesetz. Müsste dir dein Partner dann nicht auch etwas geben? Das wird er auch tun, wenn du aus Liebe zu ihm handelst. Bevor du etwas für deine Beziehung tust, sei dir sicher, dass du es aus Liebe tust und nicht etwa aus Angst davor, deinen Partner zu verlieren. Solange du aus Liebe handelst und mit dir selbst im Reinen bist, wirst du keine Gefühle der Unzufriedenheit empfinden. Es ist immer schlecht, aus einem Gefühl der eigenen Disharmonie heraus zu handeln. Wenn du dies tust, versuchst du, Harmonie aus deinem Umfeld zu erhalten. Das ist aber unmöglich, denn Gleiches zieht nur Gleiches an. Du selbst musst dich in einen ausgeglichenen Zustand versetzen. Das ist möglich, indem du positive Gedanken hast, die ein dementsprechendes Gefühl in dir entstehen lassen.

Übung 1: Der Unterschied zwischen geben und teilhaben lassen

Bist du der Meinung, dass man in einer Beziehung geben muss? Denke immer daran: So, wie du bist, bist du perfekt, mit all deinen Fehlern. Wenn du Opfer bringst, wird dir irgendwann etwas fehlen. Dann wirst du es zurückfordern, weil du glaubst, sonst in Disharmonie zu geraten. Lasse deinen Partner vielmehr an deiner Liebe und Freude teilhaben. Wenn du dies tust, wird dir auch nie etwas fehlen, weil du nichts weggegeben hast. Vergiss nicht, dass du alles in dir selbst hast. Je mehr du dich diesem Gedanken öffnest und dich selbst und dein Handeln hinterfragst, desto einfacher wird dein Beziehungsleben werden.

Wahrscheinlich denkst du von dir, dass du ein ehrlicher Mensch bist. Doch immer wenn du nach alten Mustern handelst und die Ursachen für deine Missstimmung in deinem Umfeld suchst, bist du nicht ehrlich zu dir. Ich provoziere dich mit dieser Aussage bewusst, denn das große Geheimnis einer glücklichen Beziehung liegt in der Ehrlichkeit zu sich selbst und in der Erkenntnis, dass du die Verantwortung für dein Leben und deine Liebe trägst. Wenn du also die Ursachen für deine negative Stimmung bei deinem Partner suchst, bleibst du nur an der Oberfläche und begibst dich nicht auf die Suche nach den wahren Gründen deiner Emotionen. Das Verhalten deines Partners ist nur die Wirkung, die Ursache ist deine innere Haltung. Je öfter du dich nach innen wendest, desto schneller lernst du dich wirklich kennen und wirst dir deiner limitierenden Glaubenssätze bewusst. Aus Angst, nicht geliebt zu werden, machst du vielleicht seltsame Dinge. Aber diese Angst liegt in dir – mit deinem Partner hat sie nichts zu tun. Er löst mit seinem Verhalten lediglich dieses Gefühl aus, aber du reagierst. Wie du mit dem Verhalten deines Partners umgehst, liegt an dir.

Die Wichtigkeit von Vertrauen

Die Basis einer fantastischen Beziehung ist das Vertrauen, und dabei zuerst das Vertrauen in dich selbst. Vertraust du dir selbst? Was traust du dir zu? Oft scheitern Beziehungen an mangelndem Vertrauen.

Ein Mensch, der sich vertraut, glaubt an die Richtigkeit seiner Handlungen und Einsichten. Das Vertrauen ist ein persönliches, subjektives Empfinden, und jemand, der sich vertraut, glaubt an unterschiedliche Handlungsmöglichkeiten und auch an seine Fähigkeit, erfolgreich zu handeln.

Wovon hängt es ab, wie weit wir uns selbst und anderen Menschen vertrauen? Experten sind der Meinung, dass wir anderen so viel Vertrauen entgegenbringen können wie uns selbst. Auch dieses individuelle Vertrauen wird in unserer Kindheit durch die Beziehung zu unseren Eltern geprägt. Ihren Grad von Vertrauen bzw. Misstrauen haben wir als Kinder übernommen.

Wenn du dir nicht vertraust, dann vertraust du auch anderen nicht.

Wie oft hast du dir beispielsweise vorgenommen, eine Diät zu machen, pünktlich zu sein, zu lernen …? Und wie oft hast du deinen Vorsatz eingehalten? Vergiss nicht: Die Zuverlässigkeit bzw. Unzuverlässigkeit anderer Menschen beurteilst du aufgrund einer eigenen Einstellung.

Ohne Vertrauen kannst du keine dauerhafte, harmonische, liebevolle und leidenschaftliche Beziehung führen.

Hast du ein ungutes Gefühl, wenn dein Partner allein unterwegs ist? Oder hast du das Bedürfnis, ihn zu kontrollieren? Denke einmal darüber nach, weshalb du das tun möchtest. Hast du Angst davor, nicht gut genug für ihn zu sein? Wenn du davon überzeugt bist, die beste Frau für deinen Partner zu sein, warum hast du dann das Bedürfnis nach Kontrolle? Du vertraust dir selbst nicht und kannst somit auch deinem Partner nicht vertrauen. Doch dieses Vertrauen ist die Basis einer fantastischen Beziehung. Denke darüber nach, wie weit du dir selbst vertraust bzw. misstraust. Halte immer dein Wort, auch dir selbst gegenüber! Mache dir keine Versprechungen, von denen du bereits weißt, dass du sie nicht halten kannst.

Übung 1: Zweifel

Zweifelst du daran, dass du es schaffst, deinen Partner nicht mehr dafür verantwortlich zu machen, wenn es dir schlecht geht? Hast du Zweifel daran, dass du eine glückliche Beziehung führen kannst? Was denkst du, ist der Grund für deine Zweifel? Es ist mangelndes Vertrauen.

Übung 2: Woran du merkst, dass du dir selbst vertraust

Es gibt Indikatoren, an denen du merken kannst, ob du dir vertraust. Deine Einstellungen zum Leben und zur Liebe und dein Verhalten werden sich ändern, z. B. folgendermaßen: Du erwartest eine schöne Beziehung. Du bittest andere Menschen um Hilfe, denn du vertraust darauf, dass du sie bekommst und dass es in Ordnung ist, zu erzählen, wie es in dir aussieht. Du beginnst, dich in der Welt sicher zu fühlen, denn du vertraust darauf, dass eine schöne Situation eine weitere nach sich zieht. Die Menschen in deinem Umfeld fühlen sich wohl und möchten öfter in deiner Nähe sein, denn du vertraust darauf, dass sie glücklich sind, weil du glücklich bist. Du wirst flexibler, denn du vertraust darauf, dass du dich schnell in einer neuen Situation zurechtfindest.

Übung 3: Spiegelübung

Die folgende Übung hilft dir dabei, dir mehr zu vertrauen. Blicke in einen Spiegel, und sprich mit fester klarer Stimme: »(Vorname), ich vertraue dir. Ich vertraue dir zu 100 Prozent. Ich vertraue dir, (Vorname).« In einem früheren Kapitel hast du bereits erfahren, wie wichtig es ist, dass du dich selbst liebst. Erweitere nun den Satz, indem du sagst: »Ich liebe dich, (Vorname).«

Was ist Liebe überhaupt?

Du hast bereits gelernt, auf deine innere Stimme zu hören und dich selbst besser zu verstehen. So bist du in der Lage, auch deinen Partner besser zu verstehen. Rituale, die für dich und deinen Partner ein Ausdruck eurer Liebe sind, sind ein wichtiger Aspekt einer fantastischen Beziehung. Aber jeder Mensch hat eine andere Vorstellung davon, wie sich Liebe ausdrückt und wann er sich geliebt fühlt.

Übung 1: Verbringe Zeit mit deinem Partner!

Die meisten Menschen fühlen sich geliebt, wenn sie mit ihrem Partner Zeit verbringen. Du wünschst dir, geliebt und verstanden zu werden. Für eine fantastische Beziehung ist es sehr wichtig, dass du nicht nur einfach Zeit mit deinem Partner verbringst, sondern dass du dich regelmäßig einzig und allein auf deinen Partner konzentrierst.

Übung 2: Höre deinem Partner zu!

Wünschst du dir, dass dein Partner dir zuhört und dich versteht? Höre auch du deinem Partner zu, sieh ihm in die Augen, und beschäftige dich dabei nicht mit etwas anderem, wie z. B., die Spülmaschine auszuräumen oder fernzusehen. Dann fühlt sich dein Partner gehört und angenommen. Biete ihm deine Hilfe an, und gehe auf das ein, was er dir sagt. Du kennst bestimmt Menschen, die immer und immer wieder von den gleichen Problemen erzählen. Sie tun das, weil sie sich nicht gehört oder verstanden fühlen. Solange das nicht geschieht, werden sie auch weiterhin diese Themen ansprechen.

Übung 3: Unternehmt etwas zusammen!

Überlege, was euch beiden Spaß macht, und unternehmt etwas zusammen, z. B. einen Ausflug oder einen Konzertbesuch. Diese Erlebnisse bringen euch einander näher. In euch entsteht dann ein tiefes Gefühl der Zweisamkeit. Auch nach Jahren werdet ihr noch Spaß haben, euch an diese besonderen Stunden zu erinnern. Das sind dann die bekannten »Weißt du noch …«-Situationen.

Übung 4: Anerkennung

Hast du das Gefühl, dass dein Partner dir zu wenige Komplimente macht? Dann verknüpfst du Lob und Anerkennung mit Liebe. Du fühlst dich besonders geliebt, wenn dein Partner dir sagt, wie fantastisch du aussiehst oder wie gut ihm dein Essen schmeckt? Bleibt die Anerkennung für deine Leistung aus, fühlst du dich ungeliebt. Aber diese Einstellung schränkt dich ein, denn Liebe hat nichts mit Leistung zu tun. Du bist liebenswert, so, wie du bist. Erkenne deine Leistungen an, das gibt dir Selbstsicherheit.

Übung 5: Geschenke

Hast du deinem Partner deutlich zu verstehen gegeben, dass du dir eine bestimmte Sache wünschst, aber er macht keine Anstalten, sie dir zu schenken? Regst du dich dann bei deinen Freundinnen darüber auf, dass dein Freund es einfach nicht hinbekommt, dir beispielsweise eine Tasche zu kaufen, von der er doch wissen sollte, wie wichtig sie dir ist? In Wirklichkeit geht es dir nicht um die Tasche. Nicht dieses fehlende Geschenk löst in dir ein schlechtes Gefühl aus, sondern der Glaube, nicht geliebt zu werden. Du verknüpfst Geschenke mit Liebe, dein Partner sieht das offenbar anders, aber das meint nicht, dass er dich nicht liebt. Er zeigt dir seine Liebe auf seine Art, indem er beispielsweise die Küche aufräumt, damit du dich freust.

Übung 6: Liebesdienste für deinen Partner

Manche Menschen fühlen sich besonders geliebt, wenn ihr Partner ihnen unliebsame Arbeiten abnimmt, z. B. den Hausputz oder Gartenarbeit. Da wir alle unterschiedlich sind, setzen wir auch unsere Prioritäten anders. Du erledigst vielleicht die Gartenarbeit, weil du davon ausgehst, dass dein Partner sich darüber freut, und du glaubst, das aus Liebe zu tun. In seinen Augen wäre es aber viel wichtiger gewesen, zunächst das Auto in die Werkstatt zu bringen. Dein Partner ist in dem Moment nicht in der Lage, deinen Liebesdienst zu erkennen. Das heißt aber nicht, dass er dich nicht liebt. Er verknüpft nur seine Gefühle nicht mit diesem Gefallen. Versuche, zu erfahren, was für deinen Partner Liebe ausdrückt. Wenn du das weißt, kannst du ihn leichter verstehen und auch erkennen, was er für dich aus Liebe tut.

Übung 7: Was ist wahre Liebe?

Achte darauf, dass du immer ehrlich und aus Liebe handelst. Wenn du zum Beispiel Gartenarbeit ungern verrichtest, vielleicht nur aus Angst davor, deinen Partner zu verlieren, dann tust du dies nicht aus Liebe, sondern aus Angst. Die Erkenntnis deiner wahren Motive hilft dir dabei, eine harmonische Beziehung zu führen. Biete deinem Partner etwas anderes an, von dem du weißt, dass es ihn freuen würde. In meinen Augen besteht echte Liebe darin, den anderen so sein zu lassen, wie er ist, auch wenn das manchmal schwerfällt.

Übung 8: Körperliche Nähe

Viele Menschen fühlen sich sehr geliebt, wenn sie mit ihrem Partner intim sind. Wenn der körperliche Aspekt immer unbedeutender wird oder vielleicht sogar wegfällt, kann dies eine Liebesbeziehung ernsthaft gefährden. Entdecke, was dir gefällt, und teile es deinem Partner mit. Er wird es dir danken. Weil du Berührungen an bestimmten Körperstellen in einer bestimmten Art und Weise magst, heißt das aber nicht, dass dein Partner diese Berührungen an seinem

Körper ebenfalls genießt. Bitte ihn darum, dir mitzuteilen, was er gerne mag – auf verbale oder nonverbale Art und Weise. An der Reaktion deines Partners wirst du merken, was er mag und wann er sich dir lustvoll hingeben kann.

Übung 9: Was bedeutet das für dich und deine Beziehung?

Wenn du all das Gelesene umsetzt, verstehst du dich selbst viel besser. Du erkennst, weshalb du in eine schlechte Stimmung gerätst, wenn dein Partner sich auf eine bestimmte Weise verhält. Beispielsweise hat er dir versprochen, mit dir essen zu gehen, aber nun kurzfristig keine Zeit für dich. Solch eine Situation kann zu einer Szene führen, die im extremsten Fall eine Trennung nach sich zieht – wenn du deine Gefühle nicht reflektierst. Sobald du erkennst, warum es dir damit so schlecht geht – nämlich weil du dich nicht geliebt fühlst –, kannst du die Situation analysieren und schnell wieder zu Klarheit gelangen. Wenn du bereits in einer Beziehung lebst, überlege einmal, wie dein Partner seine Liebe ausdrückt. Notiere alles auf einem Zettel. Jedes Mal, wenn du das Gefühl hast, dass dein Partner dich nicht liebt, schaue auf diesen Zettel. Das wird dir helfen, die Realität zu erkennen und dich geliebt zu fühlen.

Ausblick – mutmachende Gedanken

Mein guter Freund Kevin Baluha, dem ich an dieser Stelle von Herzen danken möchte, denn er war und ist mir immer noch ein wertvoller Freund und Mentor, hat einmal in Bezug auf das Resonanzgesetz zu mir gesagt: »Es geht um den Glauben bzw. das Vertrauen, das Verständnis und die Begrenzung.« Damals verstand ich nicht recht, was er meinte, heute sehe ich das aus einer anderen Perspektive. Du hast nun dieses Büchlein gelesen und kannst mit diesem Satz sicherlich mehr anfangen als ich damals. Denke darüber nach, was er für dich bedeutet.

Es liegt nun an dir, wie weit du das Gesetz der Anziehung durchdringst und verstehst. Die Begrenzung liegt in dir, und die Entfaltung liegt in dir. Die Arbeit mit diesem Buch hat dazu beigetragen, dass du mehr verstehst: von den Gesetzmäßigkeiten der Anziehung, aber auch dich selbst und andere Menschen. Deine Erkenntnisse in die Praxis umzusetzen, erfordert Arbeit an dir selbst und eine Kenntnis des eigenen Gefühlslebens und der eigenen Verhaltensweisen. Erwarte nicht von dir, dass du dich ab sofort nur noch nach innen wendest. Du wirst mit der Zeit stärker auf dich vertrauen. Wenn du in alte Muster verfällst und dich darüber ärgerst – in Ordnung. Mache dir dein Verhalten bewusst, reflektiere, horche in dich hinein, und fokussiere dich wieder auf das, was du dir wünschst. Diese Fähigkeit kannst du trainieren. So erlangst du schnell Kontrolle über deine Gedanken und deine Gefühle. Es ist eine reine Übungssache – die Frage ist nicht, ob du es kannst, sondern ob du es tust.

So, wie du bist, bist du perfekt! Alles, was geschieht, gehört zu deiner Entwicklung dazu. Alles, was bislang geschehen ist, hat dich zu der werden lassen, die du jetzt bist – eine wundervolle Frau, die es verdient hat, eine fantastische Beziehung zu führen. Emotionale Freiheit bedeutet, sich selbst zu kennen und zu lieben. Du wünschst dir, dass es den Menschen, die du liebst, gut geht. Deshalb ist es so wichtig, dass es dir selbst gut geht. Nur dann kannst du andere Menschen an deinen positiven Gefühlen teilhaben lassen.

Ich wünsche mir eine liebevolle Welt, mit diesem Buch möchte ich dazu beitragen. Es mag sein, dass dies nur ein Tropfen auf den heißen Stein ist, aber bekanntlich zieht ja ein Tropfen den nächsten nach sich und so weiter. Ich wünsche dir alles Gute und viel Spaß dabei, deine dauerhafte, harmonische, liebevolle und leidenschaftliche Beziehung zu führen – mit dir selbst. Was daraus folgt, erlebst du ja gerade.

Deine Doro

Manchmal brauchen wir Hilfe, um zu erkennen, was uns tatsächlich davon abhält, das in unser Leben zu ziehen, was wir uns wünschen.

Dorothea Dietrich lebt, liebt und arbeitet in ihrer Wahlheimatstadt Köln. Sie ist ausgebildeter Life Coach und Grundschullehrerin. Sie bietet individuelles Einzelcoaching an und kann auch dir dabei helfen, noch schneller zu entdecken, dass du die Fähigkeit hast, das Leben zu verwirklichen, das du dir wünschst.

Besuche sie unter:
www.dorothea-dietrich.de und kontaktiere sie.
Dorothea Dietrich findest du auch auf Facebook und Twitter.

Susanne Hühn
Wilde Frau sein
300 Seiten
ISBN 978-3-8434-3032-6

Die »wilde Frau« ist die personalisierte innere Stimme, unsere Intuition, die sich, falls wir das zulassen, wehrt, wenn uns etwas gegen den Strich geht, wenn wir »Ja« sagen, obwohl wir eigentlich »NEIN!« sagen sollten. Sie ist der Teil in uns, der letztlich nur unser seelisches Wachstum und Heil im Sinn hat, der weiß, was wir brauchen, um erfüllt und glücklich zu sein. »Wild« heißt, sie unterliegt nicht den gesellschaftlichen Normen, sondern dient den Gesetzen der Natur und der Liebe.
Mit der Frage »Will ich das?« leitet das Buch dazu an, dieser »wilden Frau« in uns mehr und mehr das Kommando zu übergeben, ihr mehr zu vertrauen … Konkrete Beispiele aus dem Leben zeigen, wo »frau« inkonsequent ist und beispielsweise aus dem Wunsch nach Liebe und Zuwendung faule Kompromisse eingeht und sich ausnutzen lässt.
Mit Meditationen, Visualisierungsübungen und zahlreichen Märchen veranschaulicht Susanne Hühn, wie man dieser ursprünglichen, intuitiven Weiblichkeit Raum und Gehör verschaffen kann.

Susanne Hühn
Meditationen zur Selbstliebe
Vier Traumreisen für
mehr Selbstwertgefühl
Gesamtspielzeit: 73:00 Min.
ISBN 978-3-89767-894-1

Selbstliebe bedeutet, das Leben zu lieben, sich selbst anzuerkennen, die eigenen Bedürfnisse ernst zu nehmen, gut mit sich umzugehen und sich auf dieser Erde selbstverantwortlich um die Erfüllung der eigenen Wünsche und Träume zu kümmern. Durch die Meditationen auf dieser CD können Sie bis in jede Zelle hinein mit sich selbst in neuen Kontakt kommen und sich als das liebenswerte und wundervolle Wesen erleben, das Sie sind – ein Wesen, das es verdient hat, mit aller Achtung und Wertschätzung behandelt zu werden. Gehen Sie dem Leben jeden Tag voller Freude und Mut einen Schritt entgegen!

Thorsten Weiss
In Resonanz mit deiner Seele
Das Geheimnis der Anziehung
Gesamtspielzeit: 44:44 Min.
ISBN 978-3-89767-889-7

Wer genau jene Dinge in sein Schwingungsfeld aussendet, die er in sein Leben ziehen möchte, wird ein Wunder nach dem anderen erleben. Dies folgt nach dem Gesetz der Anziehung. Diese fünf Meditationen zum Resonanzgesetz ermöglichen es Ihnen, auf einfache Weise Veränderungen in Ihrem Leben herbeizuführen. Sie lernen unter anderem, die eigenen Wünsche zu formulieren und die morphogenetischen Felder auszurichten. Mit dieser CD werden Sie selbst zum Meister Ihrer Schöpfungen und zu einem Magneten für Harmonie.